W0201703

JUST MARRIED

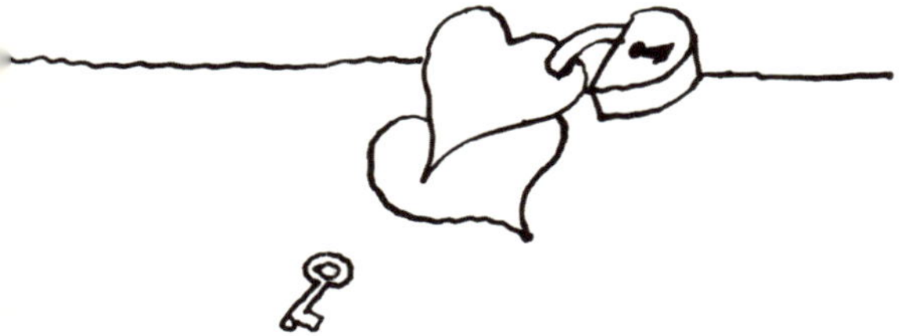

JUST MARRIED

TOMI UNGERER

DIOGENES

Titel der 1960 bei Grove Press, New York, erschienenen Originalausgabe: ›Inside Marriage‹
Die deutsche Erstausgabe erschien 1960 im Diogenes Verlag unter dem Titel
›Der schönste Tag‹ sowie 1971 als Neuausgabe unter dem Titel ›Ho Ho Hochzeit‹

Alle Rechte vorbehalten
Copyright © 1960, 1971, 2018
Diogenes Verlag AG Zürich
www.diogenes.ch
20/18/4/2
ISBN 978 3 257 02162 2

Für Claude, Jacques und Philippe,
alle verheiratet

Eines schönen Tages,

ein wenig Erfahrung hast du schon gesammelt,

erscheint dir dein Lebensraum einsam und leer.

Du suchst Trost in den Straßen –

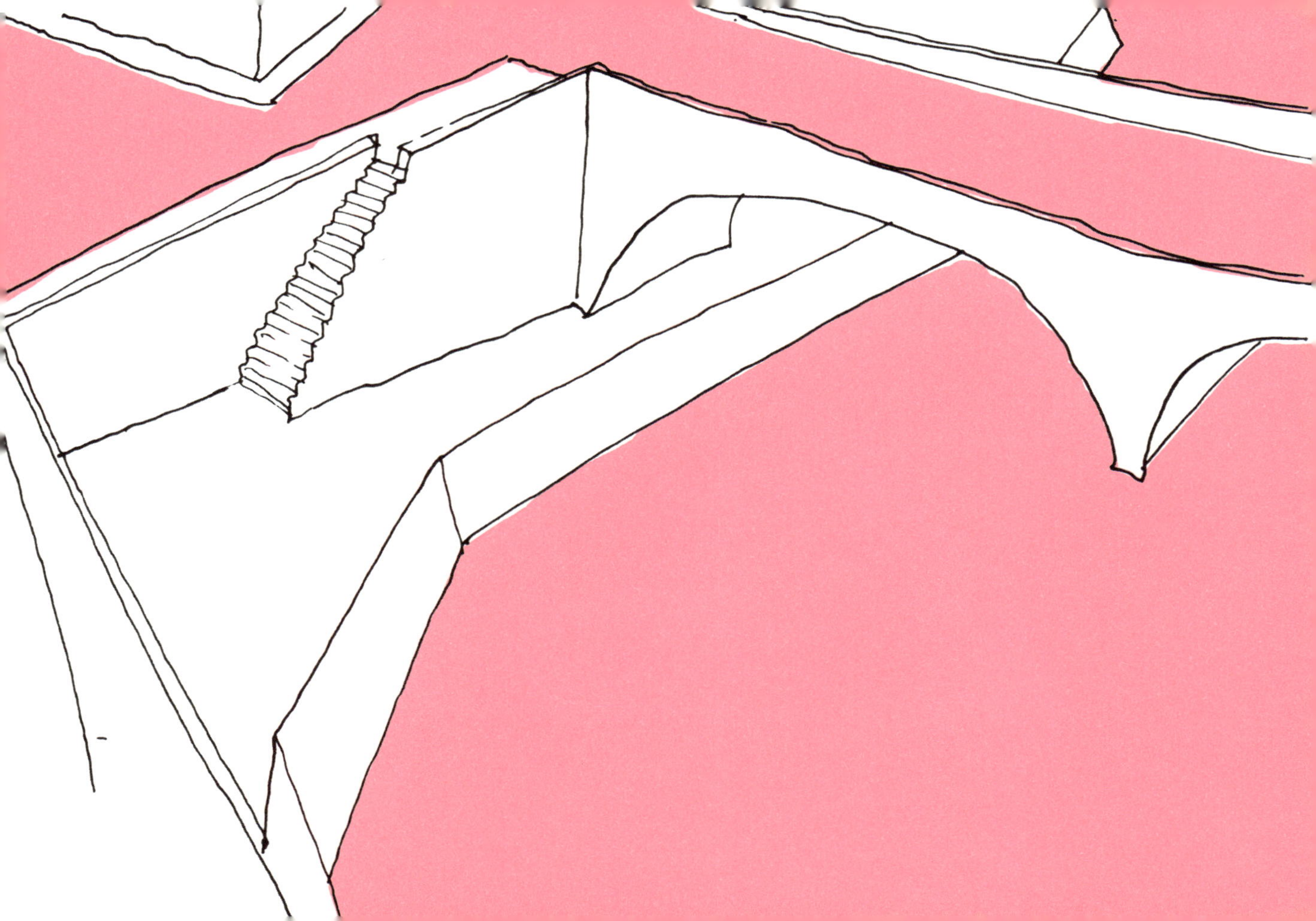

suchst die eine und einzige Unvergleichbare –

CASH ONLY

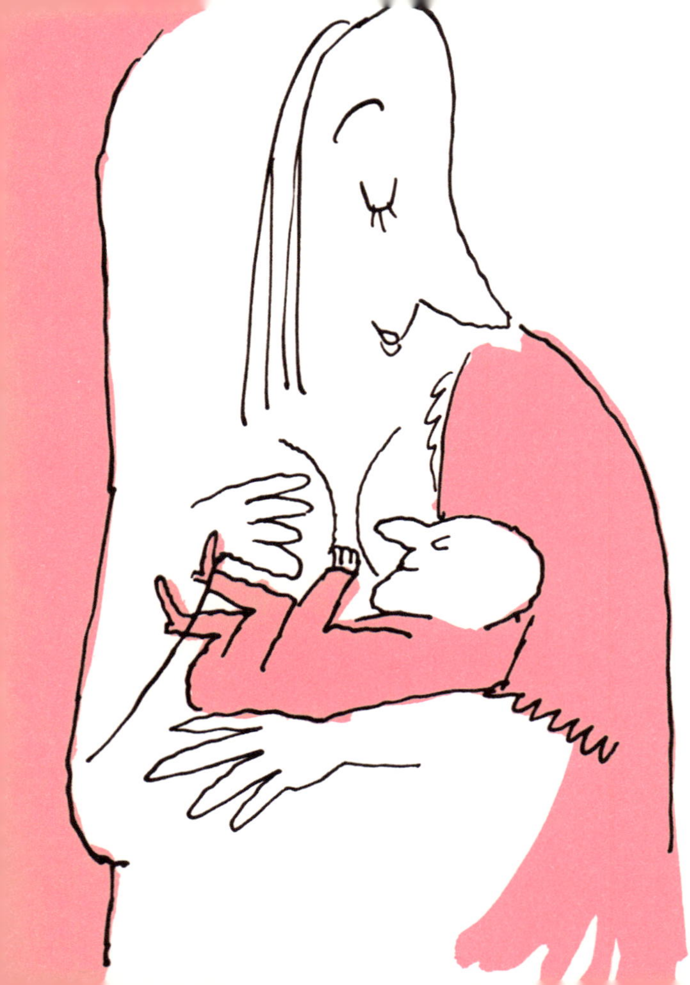

eine, die dich bemuttert,

eine, die du beschützen kannst.

Du prüfst dein Herz,

wartest, bis dich die Liebe
wie ein Fieber überfällt,

um dann selbst niederzufallen

und sie zu erobern.

Voll schwieriger Verwicklungen
ist die Verlobungszeit,

bis du sie erbeutet hast.

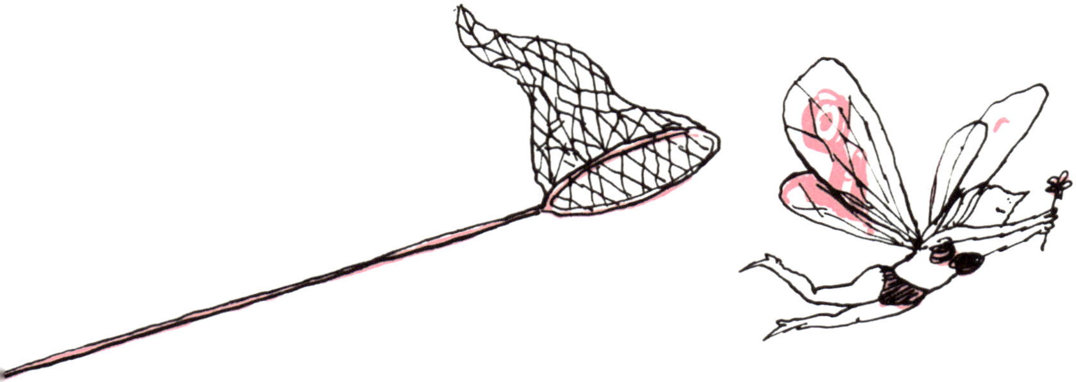

Du jagst sie,

bis sie dich fängt.

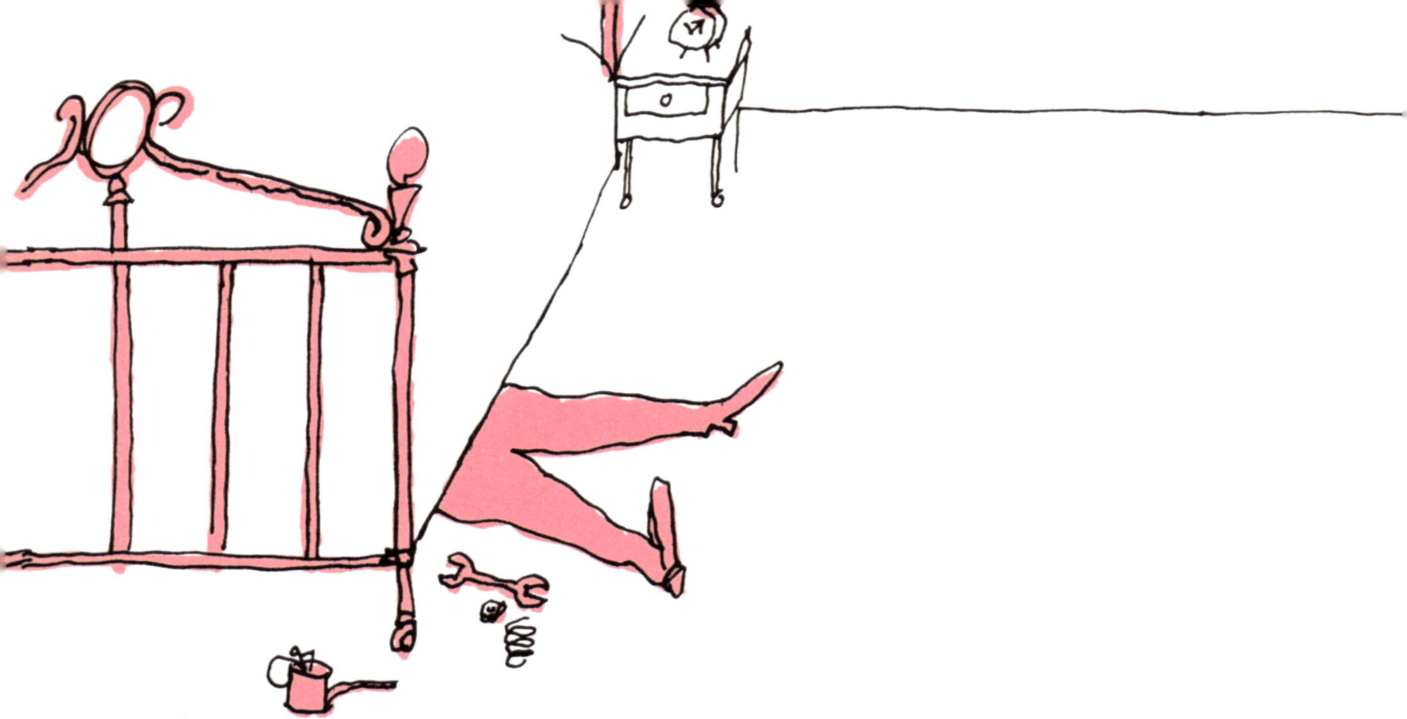

Nach dringend notwendigen Vorbereitungen

trennst du dich widerstrebend
von den Trophäen der Junggesellenzeit,

um unangenehme
Überraschungen zu vermeiden.

Liebe muss dokumentiert werden.

Und an einem schönen Tag

bestellst du deine Freunde als Zeugen.

Wie Duelle erfordern auch Zeremonien ein Opfer,

oder zwei.

In Freud und Leid …

»Jaaaaa«.

Tränenreich schauen
die Angehörigen zu

und auch ein paar Neugierige.

Nach den
gemessen vorgetragenen
Glückwünschen

stürmt das glückliche
Paar davon,

um sich dem Genuss

des Hochzeitskuchens hinzugeben.

Diskret
zieht ihr euch zurück

von dem Familienfest …

… du schwingst dich auf den Fahrersitz

und nimmst Kurs
auf ein verschwiegenes Plätzchen.

Der Vorhang der Nacht senkt sich über den glückseligen Moment …

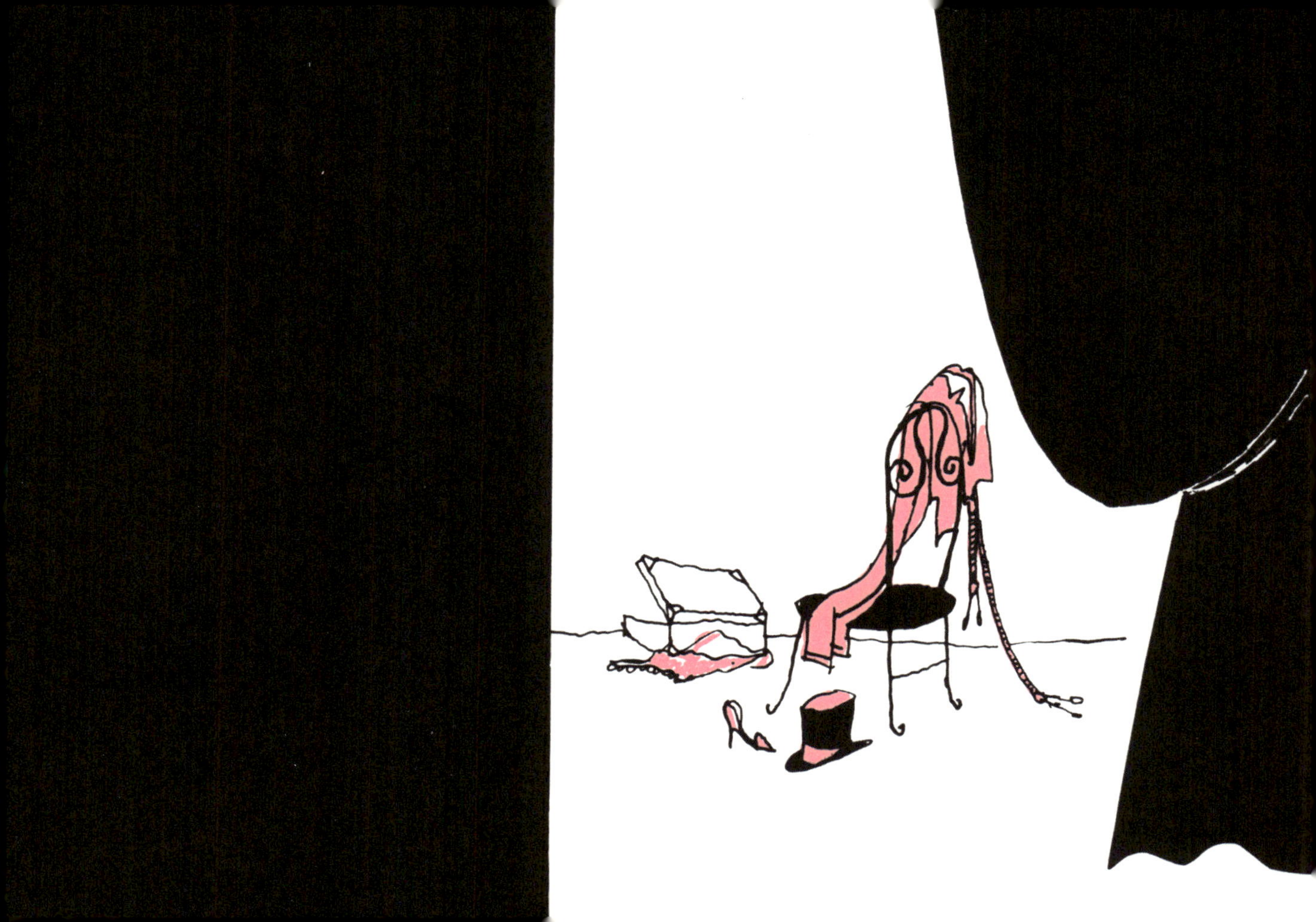

Der Morgen blickt auf einen neuen Tag,

ein neues Heim

und ein neues Gefängnis herab.

Vor euch liegen die köstlichen Beutestücke,

ein paar köstliche Augenblicke

und köstliche Überraschungen,

die euch die Kraft verleihen,
die Höhen und Tiefen eines langen,
langen Lebens gemeinsam zu bewältigen.

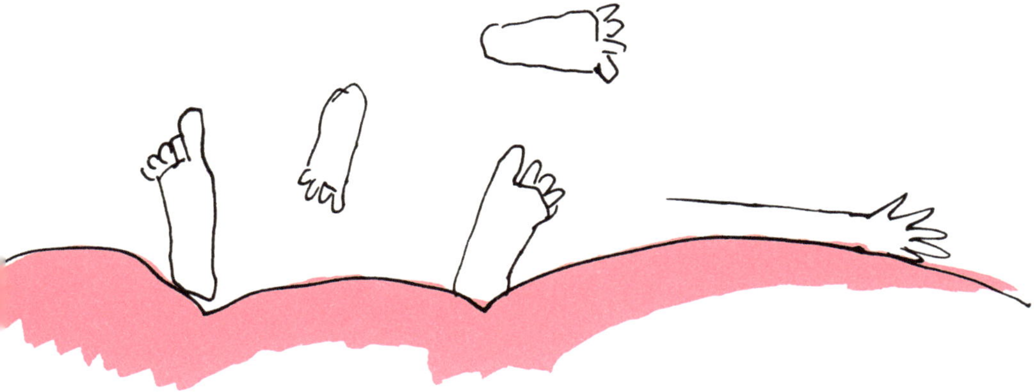

ENDE

TOMI UNGERER, geboren 1931 in Straßburg, begann Mitte der 50er Jahre in New York seinen unaufhaltsamen Aufstieg als Zeichner, Maler, Illustrator, Kinderbuchautor und Werbegraphiker. Für seine Kinderbücher wurde er unter anderem mit dem Hans-Christian-Andersen Preis ausgezeichnet. Tomi Ungerer lebt im Südwesten Irlands und in seiner Heimatstadt Straßburg, die ihm 2007 ein eigenes Museum gewidmet hat.